AF290103

LA BATAILLE DE SOLFERINO

Un moment phare de la seconde guerre d'indépendance italienne

Par Camille David
Sous la direction de Fabrizio Melai

LA BATAILLE DE SOLFERINO

INTRODUCTION

> Que de larmes silencieuses ont été répandues dans cette lamentable soirée, alors que [...] tout respect humain était mis de côté ! (DUNANT (Henri), *Un souvenir de Solferino*, Genève, CICR, 1862)

Afin de mettre un terme aux épisodes révolutionnaires qui secouent l'Europe depuis 1789, les grandes puissances décident de restaurer l'ordre ancien en 1815, peu après la défaite de Napoléon Ier (empereur des Français, 1769-1821) et son exil sur l'île Sainte-Hélène. Mais c'est sans compter les désirs de liberté et les revendications nationalistes qui animent les peuples européens depuis le début du XIXe siècle.

De telles aspirations apparaissent également au sein des huit entités qui composent le territoire italien. Toutes souhaitent se détacher de la domination étrangère pour être enfin réunies en un seul et unique État. Préliminaire à la création de cette Italie unifiée et indépendante, la bataille de Solferino est l'un des moments-phares de la deuxième guerre d'indépendance italienne. Elle voit s'opposer les troupes alliées franco-sardes aux troupes autrichiennes, chaque camp revendiquant la domination dans les régions du Nord de l'Italie : la Lombardie et la Vénétie. Lancée le 3 mai 1859, la campagne est rapide et, malgré la victoire de la France sur l'Autriche, Napoléon III décide de briser l'alliance conclue quelques mois auparavant avec le royaume de Piémont-Sardaigne et de se retirer du conflit. Le 11 juillet 1859, il signe un armistice avec l'empereur autrichien François-Joseph Ier.

Bien qu'elle n'ait duré qu'une journée, la bataille de Solferino a pourtant des implications territoriales et politiques importantes pour les trois belligérants. Mais elle inaugure surtout une ère de conflits d'un nouveau genre, dignes des premières guerres modernes.

DONNÉES-CLÉS

- **Quand ?** Le 24 juin 1859
- **Où ?** À Solferino (Lombardie)
- **Contexte ?** La deuxième guerre d'indépendance italienne (1859-1861)
- **Belligérants ?** L'Empire français et le royaume de Piémont-Sardaigne contre l'Empire autrichien
- **Acteurs principaux ?**
  - Napoléon III, empereur des Français (1808-1873)
  - Victor-Emmanuel II, roi de Piémont-Sardaigne (1820-1878)
  - François-Joseph Ier, empereur autrichien (1830-1916)
- **Issue ?** Victoire des alliés franco-sardes
- **Victimes ?**
  - Camp autrichien : 22 500 morts, blessés et disparus
  - Camp franco-sarde : 17 000 morts, blessés et disparus

CONTEXTE POLITIQUE ET SOCIAL

UNE EUROPE BOULEVERSÉE PAR LES RÉVOLUTIONS

Après la chute de Napoléon Ier en 1815, les grandes puissances européennes se réunissent à l'occasion du congrès de Vienne (1814-1815) avec deux objectifs précis :

- décider du sort des territoires bouleversés par les conquêtes napoléoniennes ;
- reconstruire un nouvel ordre européen en redéfinissant les zones de partage et d'influence.

Pour ce faire, les puissances qui ont vaincu Napoléon Ier (l'empire d'Autriche, l'empire de Russie, le royaume de Prusse et le Royaume-Uni) sont convaincues qu'il est nécessaire de restaurer les anciennes monarchies évincées durant la période révolutionnaire et d'assurer l'établissement de régimes autoritaires capables de maintenir l'ordre dans leur pays et de mettre rapidement un terme à toute résurgence d'idées révolutionnaires. Les puissances européennes présentes à Vienne se sont également octroyé le droit d'intervenir dans les pays où leur influence est manifeste pour rétablir l'ordre, sans avoir reçu au préalable la permission du pays insurgé, dès les premiers signes d'un courant d'aspiration libérale ou nationale. Malgré cette volonté, l'onde de choc révolutionnaire se fait ressentir partout en Europe, où les idées des philosophes des Lumières ont été diffusées tout au long du XVIIIe siècle. Les graines révolutionnaires nées des invasions napoléoniennes ne tarderont pas à germer.

Deux tendances animent ce mouvement :

- un nationalisme d'association, qui marque la volonté de plusieurs peuples de s'unir parce qu'ils revendiquent une même culture et une même histoire. C'est le cas de l'Allemagne ;
- un nationalisme de dissociation, qui voit les peuples soumis à une domination étrangère revendiquer leur particularisme pour se constituer en État indépendant. C'est le cas de la Belgique.

UNE ITALIE DIVISÉE SUR LE PLAN POLITIQUE

Morcelée depuis le Moyen Âge en de nombreux petits États, la péninsule italienne n'existe pas en tant qu'entité politique avant la fin du XIXe siècle. Durant le congrès de Vienne, la géographie de la péninsule est redessinée et huit États sont créés. À leur tête se trouvent les dynasties dites « légitimes », celles-là même qui étaient en place avant les bouleversements de 1789. Le royaume lombard-vénitien revient à l'empereur d'Autriche, François Ier (1768-1835). François IV de

Habsbourg-Lorraine (1779-1846) reprend la tête du duché de Modène, tandis que Ferdinand III de Habsbourg (1769-1824) devient grand-duc de Toscane. Le duché de Parme est, quant à lui, octroyé à Marie-Louise d'Autriche (1791-1847). Des troupes autrichiennes sont également installées dans le nord des États pontificaux. L'Autriche domine donc à nouveau une grande partie du nord de la péninsule italienne et exerce un protectorat sur plusieurs États déclarés indépendants tels que les duchés de Parme, de Modène et de Toscane.

La dynastie des Bourbons retrouve, elle, le trône des royaumes de Naples et de Sicile, unis dans les Deux-Siciles, avec Ferdinand IV (1751-1825), tandis que le duché de Lucques est confié à Marie-Louise de Bourbon (1782-1824). Quant au royaume de Piémont-Sardaigne, dirigé par Victor-Emmanuel Ier de Savoie (1759-1824), il s'est vu joindre l'ancienne république de Gênes et la Ligurie.

Malgré un retour aux dynasties de l'Ancien Régime, l'influence des idées révolutionnaires françaises reste palpable dans la vie politique et la législation italiennes. Elles continuent d'ailleurs à se diffuser auprès de l'élite intellectuelle et politique à travers la parution de journaux littéraires et la création de salons bourgeois, véritables lieux d'échange et de débat. Le terrain est donc propice à l'apparition d'un sentiment profondément anti-autrichien.

En 1821, le Piémont profite de l'absence des Autrichiens, occupés à mater la rébellion napolitaine, pour se soulever à son tour et s'octroyer une constitution. Mais le mouvement échoue lorsque l'Autriche, décidée à étouffer ces revendications libérales, fait intervenir ses troupes. De même, en 1831, une nouvelle vague révolutionnaire secoue l'Italie, forçant les monarques absolus en place dans ses différentes entités à fuir, avant d'être rétablis sur leur trône grâce à une nouvelle ingérence autrichienne. L'évincement de l'empire des Habsbourgs, dernier rempart à l'unité italienne, apparaît dès lors comme une nécessité afin d'entamer le processus d'unification, qui sera appelé *Risorgimento* (« renaissance », « résurrection »). Tous les espoirs se tournent donc vers le seul État à ne pas être sous la coupe autrichienne, le royaume de Piémont-Sardaigne, qui devient dès lors le moteur de l'unification de la péninsule.

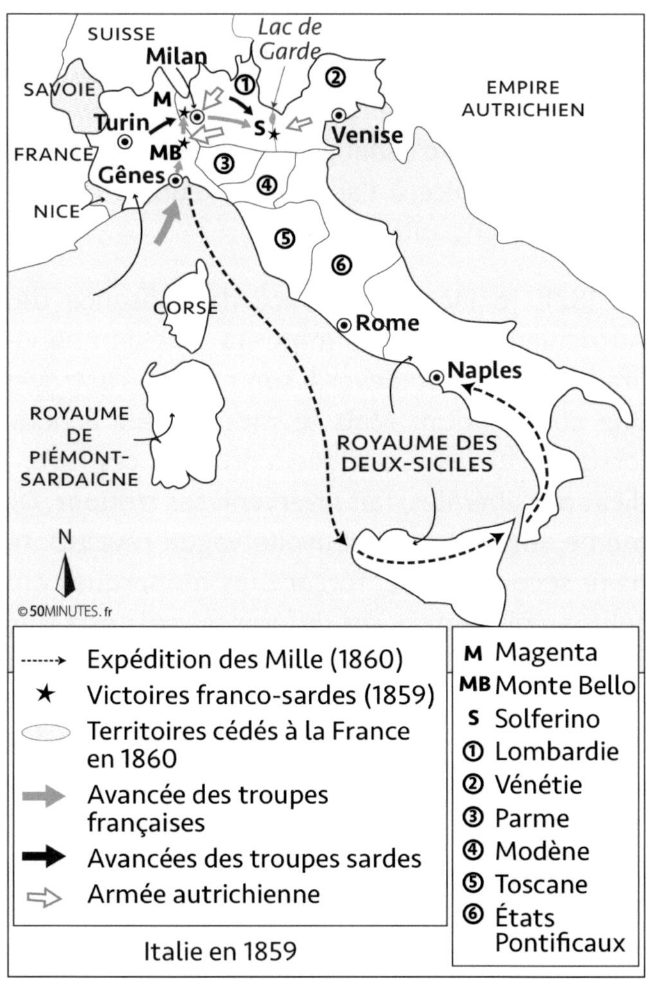

SUISSE
Lac de Garde
SAVOIE
Milan
① Lombardie
② Vénétie
EMPIRE AUTRICHIEN
M
Turin
S
FRANCE
MB
Venise
Gênes
③
④
NICE
⑤
⑥
CORSE
Rome
Naples
ROYAUME DE PIÉMONT-SARDAIGNE
ROYAUME DES DEUX-SICILES
N
© 50MINUTES.fr
Expédition des Mille (1860)
Victoires franco-sardes (1859)
Territoires cédés à la France en 1860
Avancée des troupes françaises
Avancées des troupes sardes
Armée autrichienne
Italie en 1859
M Magenta
MB Monte Bello
S Solferino
① Lombardie
② Vénétie
③ Parme
④ Modène
⑤ Toscane
⑥ États Pontificaux

LA PREMIÈRE GUERRE D'INDÉPENDANCE (1848-1849)

Durant la vague de révolutions qui secoue l'Europe, une première tentative d'unification est réalisée en Italie entre 1848 et 1849, animée par le mouvement libéral et nationaliste des carbonari qui réclame depuis 1820 une patrie unifiée.

LE CARBONARISME

Le carbonarisme est un mouvement insurrectionnel d'origine italienne, qui se développe également dans d'autres pays européens comme la France. Il lutte contre la domination napoléonienne, puis contre les souverains de l'ancien ordre qui ont retrouvé leur trône après 1815. Défendant la liberté nationale et l'application des idées révolutionnaires, les carbonari sont à l'origine de nombreux soulèvements insurrectionnels anti-autrichiens. Ils contribueront à l'unification de l'Italie.

Influencé par ce mouvement, Charles-Albert de Sardaigne (1798-1849) prend la tête d'une coalition d'États italiens décidés à chasser l'impérialisme autrichien. Malgré les premières victoires des insurgés, le manque d'unité, de cohésion et d'organisation finit par faire pencher la balance en faveur du camp adverse, obligeant la coalition à retirer ses troupes les unes après les autres. Peu de temps après la répression des émeutes, Charles-Albert de Sardaigne abdique en faveur de son fils Victor-Emmanuel II, qui décide d'appuyer la constitution réalisée par son père. Mais l'absence d'une personnalité porteuse de l'unité italienne empêche les États de parvenir à s'unifier. Il faudra attendre encore quelques années pour que l'Italie trouve ce personnage fédérateur en la personne de Camillo Benso, comte de Cavour (homme d'État italien, 1810-1861).

LE SAVIEZ-VOUS ?

Camillo Benso, comte de Cavour, est un homme politique piémontais, aujourd'hui considéré comme l'un des pères de la patrie italienne avec Giuseppe Mazzini (patriote et révolutionnaire italien, 1805-1872),

Giuseppe Garibaldi (homme politique italien, 1807-1882) et Victor-Emmanuel II. Or, le rôle de Cavour durant le *Risorgimento* est pour le moins controversé. Selon certains historiens, le comte de Cavour n'était guère soucieux d'unifier l'Italie, mais seulement de repousser les frontières du royaume de Piémont. De plus, certains affirment qu'il aurait tenté de conclure un accord avec l'empereur François Ier d'Autriche pour faire du royaume des Deux-Siciles un État fédéral, ce que ce dernier aurait refusé.

L'AFFIRMATION DU ROYAUME DE PIÉMONT-SARDAIGNE

Élu président du Conseil piémontais en novembre 1852, le comte de Cavour entame dès son entrée en fonction une politique d'ouverture économique et diplomatique visant à imposer son pays comme un nouvel acteur européen. En participant à une coalition avec le Royaume-Uni, l'Empire français et l'Empire ottoman contre l'Empire russe lors de la guerre de Crimée (1853-1856), le royaume de Piémont-Sardaigne cherche à se légitimer aux yeux des autres nations. De plus, lorsqu'a lieu le congrès de Paris (1856) destiné à régler le conflit, le comte de Cavour ne manque pas de faire prendre conscience des problèmes que connaît l'Italie. Il profite également de l'occasion pour faire remarquer aux grandes puissances que si la domination autrichienne ne cesse pas au Nord et au centre de la péninsule, et que si le roi de Naples ne donne pas suite aux réformes demandées dans ses États, l'Italie risque de connaître à nouveau des troubles qui pourraient menacer l'ordre européen. Si cette observation ne paraît pas inquiéter les puissances, l'unification italienne semble, elle, sur le point d'être lancée. Reste encore à régler la question de la souveraineté autrichienne en Italie du Nord (la Lombardie et la Vénétie). Mais, pour faire pencher la balance de son côté, le Piémont-Sardaigne a besoin d'un allié de taille, qui pourrait se trouver du côté de la France.

LA DEUXIÈME GUERRE D'INDÉPENDANCE (1859-1861)

L'Empire français se montre favorable à l'unité italienne : Napoléon III, au pouvoir depuis 1852, songe en effet à créer une Italie fédérée au sein de laquelle il contrôlerait l'expansion du royaume de Sardaigne. Pour y parvenir, il charge son médecin personnel Henri Conneau (1803-1877) d'une mission : rencontrer le ministre Cavour à Turin afin de négocier les termes d'une entrevue secrète. Celle-ci a lieu les 20 et 21 juillet 1858 à Plombières-les-Bains, une petite station thermale des Vosges. Les négociations aboutissent à l'établissement d'un traité secret, signé officiellement en janvier 1859, prévoyant, outre un mariage entre l'empereur français et Marie-Clotilde de Savoie (1843-1911), la fille du roi de Sardaigne, une alliance offensive et défensive avec le Piémont. Napoléon III s'engage ainsi à aider militairement le royaume italien afin de libérer le Nord de la domination autrichienne en échange de l'obtention du duché de Savoie et du comté de Nice. Il exige également que le pape, qui conserverait Rome, soit placé à la tête d'une confédération de monarchies italiennes.

Suite à cet accord, le comte de Cavour élabore donc une stratégie visant à provoquer un conflit : il prévoit, pour le printemps 1859, une insurrection à Massa et à Carrare (au sud du duché de Modène) qui forcerait l'Autriche à intervenir.

Un corps de volontaires est alors créé afin de libérer la Lombardie septentrionale. Le 23 avril 1859, l'empereur autrichien François-Joseph Ier adresse un ultimatum au royaume de Sardaigne, exigeant le désarmement et le licenciement des volontaires. L'appel étant resté sans réponse, l'Autriche prend l'initiative de la guerre, et le 29 avril, les troupes franchissent le Tessin, fleuve séparant le Piémont de la Lombardie. Prêt à honorer le pacte qui avait été scellé, Napoléon III déclare la guerre à Vienne le 3 mai 1859. La deuxième guerre d'indépendance italienne vient tout juste de commencer.

ACTEURS PRINCIPAUX

NAPOLÉON III, EMPEREUR DES FRANÇAIS

Né en 1808 à Paris, Louis-Napoléon Bonaparte (futur Napoléon III) est un prince de France et de Hollande et l'héritier du trône impérial, suite au décès de son frère aîné Napoléon-Louis Bonaparte (1804-1831) et de Napoléon II (1811-1832). Après plusieurs tentatives de coup d'État, Napoléon III est condamné et emprisonné au château fort de Ham, en Picardie. Une fois libéré, il profite des suites de la révolution de 1848 et de sa popularité pour se faire élire président de la République, devenant le premier homme à être élu au suffrage universel masculin en France. D'abord autoritaire, son régime s'ouvre progressivement pour laisser place à un empire libéral.

Désireux de renforcer son régime par des succès en politique étrangère, il s'allie d'abord avec le Royaume-Uni contre l'Empire russe pendant la guerre de Crimée en 1854, puis avec le royaume de Piémont-Sardaigne contre l'Empire autrichien en 1859. Mais en s'engageant dans une expansion coloniale et commerciale, il provoque l'hostilité de la Prusse. Dès lors, grâce à une manœuvre de provocation habile et délibérée, le chancelier prussien Otto von Bismarck (1815-1898) pousse Napoléon III à lui déclarer la guerre le 19 juillet 1870. Or, très vite, la situation devient critique pour l'empereur français, qui subit une sévère défaite à Sedan le 2 septembre de la même année. Ce revers provoque sa chute et met fin au Second Empire.

LA DÉPÊCHE D'EMS

La guerre franco-prussienne de 1870 est déclenchée suite à la dépêche d'Ems. Il s'agit d'un télégramme officiel rapportant le récit tronqué des discussions qui ont eu lieu lors d'une entrevue à Ems, le 13 juillet 1870, entre le roi prussien Guillaume Ier et l'ambassadeur de France. Cette rencontre avait pour but de confirmer le retrait de la candidature d'un prince prussien au trône d'Espagne. Espérant sortir son épingle du jeu, le chancelier prussien Otto von Bismarck envoie dans les chancelleries

Exilé en Angleterre, Napoléon III y décède en janvier 1873, mettant fin à un règne décrié, mais qui sera réhabilité par la suite.

VICTOR-EMMANUEL II, ROI DE PIÉMONT-SARDAIGNE

Fils de Charles-Albert de Sardaigne et de Marie-Thérèse de Habsbourg-Toscane (1801-1855), Victor-Emmanuel II naît à Turin en 1820. Il fait son apprentissage militaire en commandant une brigade contre les Autrichiens en 1848, avant de succéder à son père l'année suivante. Prolongeant le processus du *Risorgimento* entamé par celui-ci, il s'entoure de personnages d'envergure comme le comte de Cavour ou Giuseppe Garibaldi. Il encourage d'ailleurs l'expédition des Mille menée par ce dernier et est choisi en 1861 pour devenir roi de la nouvelle Italie.

L'EXPÉDITION DES MILLE

L'expédition des Mille est lancée en 1860 par Giuseppe Garibaldi dans le cadre du processus d'unification italienne. L'objectif est de prêter main-forte aux habitants du royaume des Deux-Siciles qui se sont soulevés contre le roi Bourbon régnant à Naples. Sollicité par les rebelles siciliens et aidés par le Piémont-Sardaigne, Giuseppe Garibaldi prend la tête de l'expédition et débarque à Marsala (Sicile) le 11 mai avec un corps d'environ mille volontaires. Bien que très audacieuse, l'entreprise connaît un franc succès : les troupes de Garibaldi parviennent dès le 1er août à occuper toute la Sicile avant de se lancer à la conquête du continent. La Calabre soumise, Garibaldi prend possession de Naples après la fuite du roi François II et soumet l'ensemble du territoire au nom de Victor-Emmanuel II. L'épisode se clôture par un plébiscite qui permet à Naples et à la Sicile d'entrer dans le royaume d'Italie.

En s'alliant à la Prusse en 1866, Victor-Emmanuel II parvient à vaincre les troupes autrichiennes à Sadowa et agrandit son royaume en y adjoignant la Vénétie. Profitant également de l'échec français face à la Prusse en 1870, il entre à Rome – jusque-là protégée par la France – et fait de la ville la capitale de son État. Concrétisant les aspirations italiennes, Victor-Emmanuel II jouit tout au long de son règne d'une grande popularité, comme le confirme son pseudonyme, *il re galantuomo* (« le roi gentilhomme »).

En janvier 1878, il meurt des suites de fièvres paludéennes, après 28 années passées sur le trône.

FRANÇOIS-JOSEPH IER, EMPEREUR AUTRICHIEN

Né à Vienne en 1830, François-Joseph Ier est le petit-fils de l'empereur François Ier et le fils de l'archiduc d'Autriche François-Charles (1802-1878) et de la princesse Sophie de Bavière (1847-1897). Troisième dans l'ordre de succession, il a néanmoins toutes ses chances de pouvoir un jour monter sur le trône : son oncle et son père sont en effet sujets à de nombreux problèmes de santé physique et mentale.

C'est à la suite des révolutions de 1848 que le jeune homme accède à la tête de l'Empire autrichien. Hostile par principe aux réformes, il instaure un régime autoritaire et lutte contre les influences libérales et les revendications nationales. Ne tolérant aucun contre-pouvoir, il instaure ainsi l'ère du néo-absolutisme en Autriche (1851-1859).

LE NÉO-ABSOLUTISME

Le néo-absolutisme désigne la reprise en main du pouvoir par François-Joseph Ier durant les années 1850. Or, selon la tradition impériale des Habsbourgs, le pouvoir de l'empereur aurait dû être limité par l'aristocratie, les diètes (désigne, dans certains pays d'Europe centrale, le Parlement, chargé d'élire le souverain et d'élaborer les lois) et les assemblées constituantes de Vienne, Budapest et Francfort.

Défenseur de l'ordre établi par le congrès de Vienne, il intervient régulièrement aussi bien dans son pays qu'à l'extérieur afin d'étouffer les idées révolutionnaires renaissantes. En 1879, inquiet de l'expansionnisme russe, il conclut une alliance avec l'Allemagne, la duplice, et en 1908, il annexe la Bosnie-Herzégovine. C'est à cause de l'assassinat de son neveu, François-Ferdinand de Habsbourg, le 28 juin 1914 à Sarajevo, par un nationaliste serbe, qu'il attaque la Serbie, déclenchant la Première Guerre mondiale (1914-1918). Frappé en novembre 1916 par une congestion pulmonaire, l'homme s'éteint après 68 années de règne.

ANALYSE DE LA BATAILLE

LES FORCES EN PRÉSENCE

Le 24 juin 1859, ce sont près de 330 000 soldats qui s'affrontent lors de la plus importante confrontation depuis la bataille de Leipzig en 1813.

LA BATAILLE DE LEIPZIG

La bataille de Leipzig, également appelée la « bataille des nations », se déroule au cœur de l'Allemagne entre le 16 et le 19 octobre 1813. Opposant une coalition d'alliés (la Russie, l'Autriche, la Prusse et la Suède), à l'armée française, le conflit est remarquable par l'ampleur des forces engagées : les historiens estiment à près de 500 000 le nombre de combattants. Après quelques jours de bataille, les alliés remportent la victoire. Mais Napoléon Ier évite à son armée d'être anéantie grâce à une retraite ingénieuse et stratégique.

Les forces autrichiennes, commandées par l'empereur François-Joseph Ier, sont divisées en deux armées : la première est déployée dans la plaine du Pô et approvisionnée par la forteresse de Mantoue, tandis que la deuxième occupe une colline au nord et est approvisionnée par celle de Peschiera. Leur mission est rendue complexe en raison d'un manque de cohésion. En effet, depuis l'époque médiévale, la plupart des régiments sont dans les faits de petites armées personnelles qui appartiennent à ce titre à leur commandant. Les cadres militaires sont, pour la plupart, des nobles de haut lignage, manquant parfois de compétences tactiques et souvent divisés pour des raisons politiques, économiques ou personnelles.

L'armée française est, quant à elle, composée de combattants expérimentés, équipée d'armes modernes, et dirigée par des cadres choisis selon leurs compétences et leurs capacités tactiques. Cinq corps d'armée accompagnés de la garde impériale, commandés par Napoléon III, sont envoyés en Italie. Par ailleurs, l'armée d'Afrique est sommée d'envoyer un contingent (c'est-à-dire trois bataillons de 1 100 tirailleurs algériens) pour gonfler les rangs des troupes lors de la campagne, à laquelle participe également le 2e régiment étranger.

Pour finir, l'armée sarde se compose de quatre divisions commandées par Victor-Emmanuel II, qui ont été restructurées et réorganisées selon le modèle français. Restent encore quelques troupes provenant de Savoie, parmi lesquelles on compte de nombreux volontaires inexpérimentés et mal préparés ainsi que des officiers au tempérament individualiste, ce qui sera source de nombreux échecs au cours des affrontements.

LES PREMIÈRES AVANCÉES

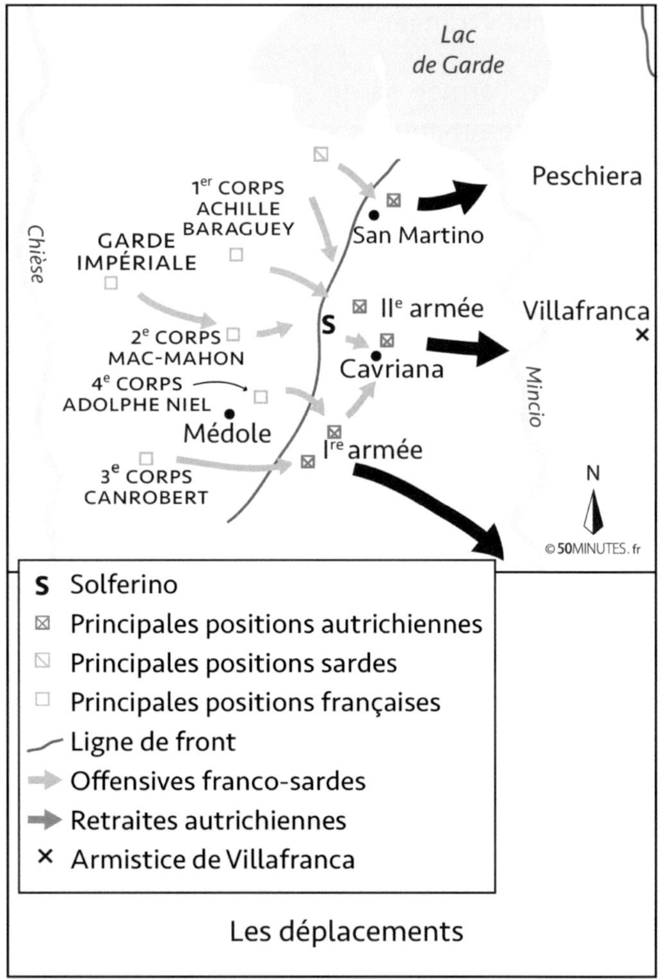

Les déplacements

Le 18 mai, Napoléon III arrive à Gênes avec ses hommes, qui sont accueillis comme des libérateurs par la population piémontaise. Aussitôt, l'empereur prend le commandement des troupes alliées et leur expose son plan. Celui-ci consiste à effectuer une marche de flanc pour atteindre Milan par le nord, alors que tout le monde l'attend au sud, comme l'avait fait auparavant son oncle, Napoléon Ier. La manœuvre réussit et surprend les Autrichiens. Le 20 mai, les deux armées se rencontrent pour la première fois à Montebello. Là, la cavalerie piémontaise et le 2e corps du maréchal de Mac-Mahon (maréchal de France et homme d'État français, 1808-1893) parviennent à renverser les forces autrichiennes pourtant deux fois plus nombreuses.

Le 31 mai, à Palestro, le 3e régiment de zouaves (soldats de l'armée d'Afrique, considérés comme faisant partie de la meilleure troupe durant la campagne d'Italie) met en déroute une brigade autrichienne et s'empare de cinq canons. Sur le champ de bataille, le roi du Piémont, Victor-Emmanuel II, qui a participé à l'attaque, est fait caporal d'honneur des zouaves.

Le lendemain, l'armée française franchit le Tessin sur deux ponts et avance sur la route de Milan, mais sa progression est très vite arrêtée par 60 000 Autrichiens retranchés à Magenta. La situation est difficile et le sort de la bataille reste longtemps indécis. Les combats font rage dans les habitations, jusqu'à l'arrivée du maréchal de Mac-Mahon : avec ses 25 000 hommes, il fait pencher la balance en faveur des Franco-Sardes le 4 juin. Le bilan de la bataille reste cependant lourd : près de 9 000 soldats y perdent la vie. Mais la route vers la capitale de la Lombardie est maintenant libre, et le 8 juin, Napoléon III et Victor-Emmanuel II font une entrée triomphale à Milan. Ils poursuivent ensuite leur route en vue de libérer le Nord de l'Italie.

De son côté, l'armée autrichienne est contrainte de se replier derrière plusieurs affluents du Pô. Mais l'empereur François-Joseph Ier n'a pas dit son dernier mot et décide de prendre le commande-ment suprême des troupes. Le 23 juin, lui et ses hommes atteignent la rive droite du Mincio (ri-vière italienne) et se placent à plusieurs endroits surélevés qui dominent la plaine. Là, ils espèrent pouvoir profiter de la fatigue des Français qui viendront tout juste de traverser la Chiese dont les ponts ont été détruits par les Autrichiens. Cependant, contre toute attente, une grande partie des troupes a déjà traversé le fleuve dans la journée du 22 juin grâce à l'efficacité du génie français, et avance également vers le Mincio.

Malgré les rapports des patrouilles de reconnaissance, les deux armées n'ont pas conscience de la position réelle de leurs adversaires. Les Français pensent en effet que les Autrichiens, qui se trouvent sur la rive ouest du Mincio, ne forment qu'une simple patrouille ; et les Autrichiens croient, quant à eux, que les Français se trouvent sur l'autre rive de la Chiese. Pourtant, les deux armées sont déployées sur deux lignes parallèles très proches qui s'étendent sur 12 à 15 kilomètres, et progressent sans le savoir l'une vers l'autre.

LA BATAILLE DE SOLFERINO

Le 24 juin, les deux lignes entrent en contact. Parti en tête à 3 heures du matin, le 1er corps français du général Achille Baraguey d'Hilliers (1795-1878) marche sur Solferino, ignorant que les Autrichiens l'occupent depuis la veille. Ceux-ci sont installés sur les hauteurs de San

Martino (au nord de Solferino) et ont au centre de leur dispositif la falaise escarpée de Solferino, surmontée de sa tour baptisée « la spia di Italia », c'est-à-dire « l'espionne de l'Italie », en raison de la visibilité qu'elle offre sur toutes les plaines de Lombardie et de Vénétie.

Vers 5 heures, la bataille s'engage à l'improviste. Le maréchal de Mac-Mahon prend la ville, mais peine à s'y maintenir, tout comme les généraux Adolphe Niel (1802-1869), François Certain Canrobert (1809-1895) et Achille Baraguey d'Hilliers, positionnés sur ses flancs. Les troupes autrichiennes situées dans la région résistent longuement aux assauts conjugués des deux corps d'armée.

Très vite, Napoléon III comprend que le sort de la bataille se joue au centre, à Solferino, où le 1er corps subit des pertes importantes. À 10 h 30, il décide d'engager dans la bataille la garde impériale, les grenadiers et les zouaves du général Émile Mellinet (1798-1894), qui prennent le dessus sur leurs opposants. Durant cet épisode, le rôle des voltigeurs de la garde impériale qui chargent, baïonnette en avant, contre des forces quatre fois supérieures en nombre, est décisif puisqu'ils réussissent à percer le centre. La commune de Solferino est gagnée en début d'après-midi, après trois heures de combat.

La bataille n'est toutefois pas terminée et les Français continuent de se déployer pour conquérir les villages avoisinants, où ils rencontrent à nouveau une forte résistance. Mais l'arrivée des troupes du général François Certain Canrobert permet d'arracher la commune de Cavriana des mains des Autrichiens. Afin d'éviter l'encerclement, François-Joseph Ier ordonne la retraite. Alors que Napoléon III souhaiterait poursuivre les troupes autrichiennes, le maréchal de Mac-Mahon l'en dissuade : les troupes franco-sardes en seraient incapables. Cela permet aux Autrichiens de se réfugier derrière les forteresses du quadrilatère (dispositif défensif autrichien) dont les sommets sont les forteresses de Peschiera, Mantoue, Legnago et Vérone.

LE SAVIEZ-VOUS ?

Si les combats décisifs ont lieu essentiellement dans la ville de Solferino, les affrontements du 24 juin 1859 se sont aussi déroulés sur deux autres champs de bataille, au nord et au sud de Solferino.

Les combats débutent à Médole, le secteur sud du front, lorsque le 4e corps d'armée français rencontre un régiment avancé de la Ire armée autrichienne. Déployant ses forces sur les limites orientales du village, le général Adolphe Niel empêche trois corps d'armée autrichiens de soutenir les soldats de la IIe armée présents sur les hauteurs de Solferino alors qu'ils sont durement attaqués par les troupes du maréchal de Mac-Mahon et d'Achille Baraguey d'Hilliers. C'est grâce à une habile alternance entre des actions de contre-attaque et de défense que les troupes du général Adolphe Niel réussissent à contenir les assauts des Autrichiens, pourtant en supériorité numérique.

Au nord, à San Martino, le 1er régiment sarde entre en contact avec les Autrichiens, en infériorité numérique cette fois, qui réussissent à tenir leur position jusqu'en fin de soirée, lorsque les armées austro-hongroises se retirent de Solferino pour se mettre à l'abri au-delà du Mincio.

UN BILAN EXTRÊMEMENT LOURD

Au terme de cette bataille, le bilan est lourd : environ 40 000 soldats ont perdu la vie. Les routes et les ravins apparaissent jonchés de morts et de blessés. Face à l'ampleur des pertes, Napoléon III décide de ne pas poursuivre le combat, d'autant que des bruits courent sur d'importants mouvements de troupes prussiennes qui auraient lieu sur le Rhin et sur le fait que la Prusse menacerait d'unir les principautés allemandes pour contrer une France de plus en plus menaçante et gênante.

Or, l'empereur français ne peut se battre simultanément sur deux fronts. De plus, il n'apprécie pas ce que le comte de Cavour a manigancé à son insu : en effet, à Plombières-les-Bains, les deux hommes s'étaient mis d'accord pour faire de l'Italie une confédération dont le Piémont-Sardaigne ne devait être qu'un État membre, or le comte espère obtenir davantage en encourageant des soulèvements à Parme, à Modène et même dans les États pontificaux. Cela met Napoléon III dans une fâcheuse position, car les milieux catholiques français ne pourraient pas accepter que la souveraineté du pape soit menacée.

Il décide donc de mettre fin à l'alliance franco-sarde, qui n'aura duré que deux mois, et de signer un armistice avec l'empereur François-Joseph Ier à Villafranca, le 11 juillet 1859. Ce revirement de situation provoque l'indignation en Italie ainsi que la démission du comte de Cavour. Le ministre italien refuse d'ailleurs de déposer les armes et tente de convaincre le roi de poursuivre la guerre, même sans allié – en vain. Le traité de Zurich, négocié les 10 et 11 novembre, met donc fin au conflit.

RÉPERCUSSIONS DE LA BATAILLE

LE TRAITÉ DE ZURICH

Le traité de Zurich signé le 11 novembre 1859 stipule que :

- la Lombardie devra être cédée par l'Autriche à la France, elle-même chargée de la remettre au royaume de Piémont-Sardaigne ;
- en contrepartie, la Vénétie ainsi que les forteresses de Mantoue et de Peschiera resteront aux mains des Autrichiens ;
- les souverains de Modène, de Parme et de Toscane récupéreront leur trône ;
- une confédération italienne reprenant tous les États, dont la Vénétie, sera créée et présidée par le pape.

Mais parmi toutes ces conditions, une seule sera concrétisée, à savoir l'annexion de la Lombardie au royaume de Piémont-Sardaigne.

LES CONSÉQUENCES POLITIQUES ET TERRITORIALES

Bien que la majorité des termes du traité n'ait pas été concrétisée, les implications politiques et territoriales à long terme de la bataille de Solferino sont nombreuses pour les trois protagonistes.

Pour la future Italie, il s'agit d'une progression importante dans le processus du *Risorgimento*. En effet, la victoire à Solferino met fin à la guerre menée contre l'Autriche pour l'indépendance de la Lombardie, préliminaire à la création d'une Italie unifiée. Ensuite, les événements s'enchaînent rapidement. En l'espace d'une année, les États du Nord sont unifiés à ceux du Sud grâce à l'expédition des Mille. Organisée par Giuseppe Garibaldi, celle-ci permet d'annexer la Sicile et les territoires du Sud de l'Italie, depuis la Calabre jusqu'aux Marches. En 1861, Victor-Emmanuel II est proclamé roi d'Italie. Reste encore la Vénétie, qui est récupérée par les Autrichiens en 1866, ainsi que Rome et sa région, contrôlée par le Vatican et protégée par la France. Mais la défaite française à Sedan en 1870 leur permet d'entrer dans Rome et d'annexer les territoires pontificaux, scellant dès lors définitivement l'union italienne.

De son côté, la France décide de se retirer du conflit après la rude bataille de Solferino et de mettre fin à l'alliance franco-sarde, provoquant la déception des Italiens. Alors qu'il s'agissait d'une condition des accords secrets de Plombières-les-Bains, l'annexion du comté de Nice et du duché de Savoie n'est plus à l'ordre du jour lors de la signature de l'armistice de Villafranca, suite au refus de quelques puissances européennes. Mais l'opinion commence à s'inquiéter de ne pas voir se réaliser le rattachement à l'Empire français. La France et le royaume de Piémont-Sardaigne signent alors le traité de Turin le 24 mars 1860 pour officialiser la cession de deux régions à la France, sous certaines conditions et sous réserve de l'adhésion des populations. Les plébiscites ont lieu en avril et entérinent les décisions princières qui avaient de toute façon déjà été scellées.

Conformément aux accords de Villafranca, l'Autriche cède la Lombardie (à l'exception de Mantoue et Peschiera) à la France, qui la redonne ensuite, comme convenu, au royaume de Piémont-Sardaigne. La bataille a également des conséquences importantes sur la monarchie des Habsbourgs, qui décline peu à peu. En effet, de nombreux soulèvements éclatent dans d'autres États italiens. De plus, l'Autriche doit faire face au mécontentement des Hongrois, qui, suite à la défaite de Sadowa, revendiquent la création d'une double monarchie rassemblant l'empire d'Autriche et le royaume de Hongrie, création qui verra le jour en 1867. À cela s'ajoute la remise en cause de son système néo-absolutiste, mais aussi le renforcement des rivalités avec la Prusse, qui devient peu à peu la première puissance dans la confédération germanique aux dépens de l'Autriche.

LE DÉBUT DES GUERRES MODERNES

Les progrès techniques liés à la révolution industrielle modifient la manière de faire la guerre en offrant de nouveaux armements. L'utilisation de canons et de fusils plus performants rend les combats plus meurtriers encore, alors que les corps-à-corps se font de plus en plus rares. Des conflits d'un nouveau genre voient donc le jour, marquant le début des guerres modernes.

Durant la bataille de Solferino, l'armée française a à sa disposition des canons rayés qui permettent d'affiner la trajectoire et d'augmenter la vitesse du projectile. Elle utilise également des pièces de quatre en bronze (sorte de canon) qui ont l'inconvénient de devoir se charger par la bouche, mais qui projettent les obus avec une plus grande précision, et ce à une distance deux fois supérieure à celle des Autrichiens. Ces progrès confèrent à Napoléon III un avantage indéniable et suscitent l'intérêt des autres armées du monde occidental. Désormais, les victoires reposent sur la qualité et la performance de l'artillerie et non plus sur la supériorité numérique. La guerre de Sécession (1861-1865) qui ébranle les États-Unis deux ans plus tard constitue à ce titre un formidable terrain d'expérimentation de ces nouvelles technologies.

Le développement de la machine à vapeur bouleverse également la guerre puisqu'il rend les armées plus mobiles grâce au chemin de fer. C'est lors de la bataille de Solferino que, pour la première fois, le déplacement des troupes dépêchées vers le théâtre des opérations se fait par voie ferrée : tous les jours, ce sont environ

8 000 hommes et 500 chevaux qui se rendent sur les champs de bataille.

UN CONFLIT À L'ORIGINE DE LA CRÉATION DE LA CROIX-ROUGE

Avec les progrès techniques, les guerres modernes deviennent de plus en plus meurtrières. La bataille de Solferino fait certes de nombreuses victimes, mais également un grand nombre de blessés, qui finiront par mourir faute de soins, car aucune structure médicale n'est prévue pour faire face à leur afflux massif. Ni les cantinières, qui suivent leurs époux sur le champ de bataille, ni les rares officiers de santé ne suffisent pour organiser les ambulances.

Lorsqu'Henri Dunant, un jeune banquier suisse, visite le champ de bataille, il est frappé par les horreurs de la guerre et organise comme il le peut les premiers soins. De retour à Genève, il écrit un ouvrage, *Un souvenir de Solferino*, pour avertir l'opinion internationale du désastre, et préconise la création d'une organisation internationale neutre qui s'occuperait des blessés. C'est ainsi que, le 17 février 1863, Henri Dunant fonde avec quatre amis le Comité international de la Croix-Rouge (CICR). Le 22 août 1864, une conférence internationale est mise en place en vue d'améliorer le sort des militaires blessés sur les champs de bataille et voit la signature de la première convention de Genève.

La bataille de Solferino fait souvent écho dans les mémoires à des souvenirs d'horreur. Le récit d'Henri Dunant a contribué à véhiculer cette image d'un champ de bataille où règnent chaos et désespoir. Pourtant, le taux de victimes (morts et blessés) est d'environ 12,5 % (10 % pour les forces franco-sardes et 14 % pour les Autrichiens), alors que les batailles de Marengo (14 juin 1800), d'Eylau (8 février 1807), de Moskova (7 septembre 1812) et de Leipzig avaient vu leur taux de victimes osciller entre 20 et 25 %. La bataille la plus meurtrière du XIXe siècle reste sans conteste la bataille de Gettysburg (1er-3 juillet 1863), elle qui compte 32,4 % de pertes au sein des rangs confédérés.

La bataille de Solferino reste toutefois dans les mémoires. Peut-être est-ce à la fois les dégâts produits par l'évolution de l'armement et l'absence de soutien médical qui ont choqué l'opinion internationale et contribué à la légende noire de Solferino.

EN RÉSUMÉ

1848-1849
1re guerre d'indépendance italienne

1858
20-21 juill. : Accord secret entre Cavour et Napoléon III

1859
3 mai : Début de la 2e guerre d'indépendance italienne

24 juin : **Bataille de Solferino**

11 juill. : Armistice entre France et Autriche

11 nov. : Traité de Zurich ; fin de la 2e guerre d'indépendance italienne

1860
24 mars : Traité de Turin

1861
Victor-Emmanuel II est proclamé roi d'Italie

1863
17 févr. : Création de la Croix-Rouge

1871
Fin de l'unification de l'Italie

- Les 20 et 21 juillet 1858, Napoléon III et le ministre piémontais Cavour signent à Plombières-les-Bains un accord militaire secret prévoyant, en échange de la cession du duché de Savoie et du comté de Nice à la France, une aide militaire afin de libérer le Nord de l'Italie de la domination autrichienne.
- Face à l'engagement massif de volontaires dans un corps expéditionnaire destiné à libérer la Lombardie, l'empereur autrichien François-Joseph Ier adresse un ultimatum au royaume de Piémont-Sardaigne.
- Le 29 avril 1859, l'Autriche déclare la guerre au royaume de Piémont-Sardaigne, provoquant l'entrée en conflit de la France aux côtés des Italiens, le 3 mai 1859.
- Le 18 mai, les troupes françaises, placées sous les ordres de Napoléon III, arrivent en Italie : débute alors la campagne d'Italie.
- Après une victoire des alliés franco-sardes à Magenta le 4 juin, les troupes autrichiennes, qui s'étaient repliées, décident de reprendre l'offensive en marchant vers l'ennemi, alors que les Franco-Sardes progressent également vers eux.

- Les deux armées se rencontrent le matin du 24 juin 1859 et des combats éclatent sur un front de 12 à 15 kilomètres dans les villes de San Marino, Solferino et Médole.
- Après quelques heures de bataille, vers 11 h 30, Napoléon III décide de frapper au centre, en concentrant ses forces sur la ville de Solferino.
- Trois heures plus tard, les soldats français prennent Solferino, provoquant le repli des forces autrichiennes derrière les forteresses du quadrilatère.
- Le lendemain, après avoir visité un champ de bataille jonché de corps, Napoléon III décide de se retirer du conflit et signe le 11 juillet à Villafranca un armistice avec l'Autriche.
- Les termes de la cessation de combat et de la fin de l'alliance franco-sarde sont officialisés le 11 novembre 1859 dans le traité de Zurich.
- Le traité de Turin du 24 mars 1860 confirme l'annexion du comté de Nice et du duché de Savoie à la France.

Votre avis nous intéresse !
Laissez un commentaire sur le site de votre
librairie en ligne et partagez vos coups de cœur sur
les réseaux sociaux !

POUR ALLER PLUS LOIN

SOURCES BIBLIOGRAPHIQUES

- Audoin-Rouzeau (Stéphane) et Laneyrie-Dagen (Nadeije), *Les grandes batailles*, Paris, Larousse, 1997.

- Dunant (Henri), *Un souvenir de Solferino*, Genève, CICR, 1862.

- Macdonald (John), *Grandes batailles de l'histoire mondiale*, Paris, Albin Michel, 1985.

- Marseille (Jacques), *Le monde du milieu du XIXe siècle à 1939*, Paris, Nathan, 1997.

- Pécout (Gilles), *Naissance de l'Italie contemporaine. 1770-1922*, Paris, Armand Colin, 2004.

- Savès (Joseph), *24 juin 1859. Solferino donne naissance à la Croix-Rouge*, consulté le 15/03/2014. http://www.herodote.net/24_juin_1859-evenement-18590624.php

- « Solferino, Bataille de (24 juin 1859) », in *Encyclopædia Universalis*, consulté le 27 février 2014. http://www.universalis.fr/encyclopedie/bataille-de-solferino/

- « Solferino, 1859 », in *Les Grandes Batailles du Passé*, documentaire commenté par Henri de Turenne, France.

- TULARD (Jean), *Dictionnaire du Second Empire*, Paris, Fayard, 1995.

- « Victor-Emmanuel II (1820-1878) roi de Sardaigne (1849-1861) et d'Italie (1861-1878) », in *Encyclopædia Universalis*, consulté le 27 février 2014.
  http://www.universalis.fr/encyclopedie/victor-emmanuel-ii/

- WIDEMANN (Thierry), *À propos de la bataille de Solferino. Chemins de mémoire*, Ministère français de la Défense, n°196, juillet-août 2009.

SOURCES COMPLÉMENTAIRES

- CESENA (Amédée de), *Campagne de Piémont et de Lombardie*, Paris, Garnier Frères, 1860.

- CIPOLLA (Costantino), *Il crinale dei crinali. La battaglia di Solferino e San Martino*, Milan, FrancoAngeli, 2009.

- LEBRUN (Barthélemy Louis Joseph), *Souvenirs des guerres de Crimée et d'Italie*, Paris, Émile de La Bédollière, 1859.

- LECAT DE BAZANCOURT (César), *La Campagne d'Italie de 1859. Chroniques de la guerre*, Paris, Amyot, 1860.

- KUŚNIEWICZ (Andrzej), *Il Re delle due Sicilie, Palerme*, Sellerio Editore, 1981.

- MAROCCHI (Massimo), *Il racconto della seconda guerra d'indipendenza attraverso le memorie e le lettere*, Udine, Gaspari Editore, 2007.

- MARTELLI (Stelio), *Le battaglie di Solferino e San Martino*, Azzate, Varesina, 1971.

- MILANI (Mino), *Le battaglie di Solferino e San Martino*, Rudiano, GAM Edizioni, 2008.

- SOGLIANI (Daniela), *La battaglia di Solferino e San Martino*. Arte, storia e mito, Milan, Officina Libraria, 2009.

BÂTIMENT COMMÉMORATIF

- La tour de San Martino della Battaglia et son musée à Desenzano del Garda (Lombardie).

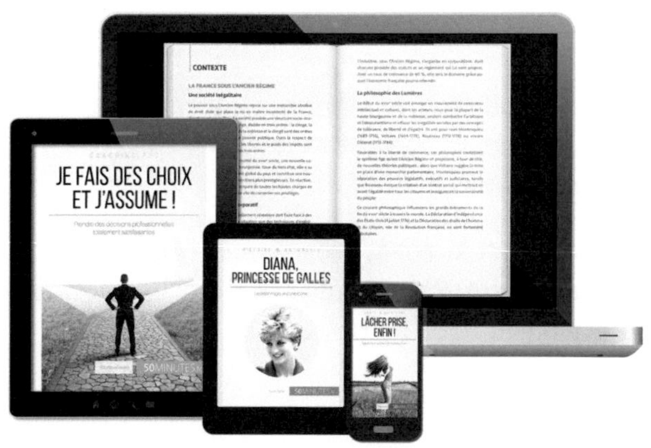

ISBN ebook : 978-2-8062-5431-3
ISBN papier : 978-2-8062-5611-9
Dépôt légal : D/2014/12603/17
Photo de couverture : *Battle of Solferino* © Carlo Bossoli. Domaine public.

Conception numérique : Primento,
le partenaire numérique des éditeurs